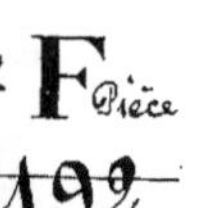

REQUÊTE

A

MM. LES SÉNATEURS

ET

MM. LES DÉPUTÉS

PAR LA

Fédération des Commerçants - Détaillants

de Paris et du Département de la Seine

ET DES

Groupes de Province affiliés

10, RUE DE LANCRY 10

PARIS

IMPRIMERIE PAUL DUPONT

144, rue Montmartre (2e)

1907

Paris, le 24 janvier 1907

Messieurs les Sénateurs,

Messieurs les Députés,

La Loi du 13 juillet 1906 sur le repos hebdomadaire n'est point une loi politique. Elle a été votée, fait particulièrement rare dans nos annales parlementaires, avec votre assentiment unanime : à mains levées au Sénat le 5 juillet, et à l'unanimité à la Chambre le 10 juillet dernier.

Il eût pu sembler qu'en présence d'un accord aussi parfait, une telle œuvre, expression de la volonté nationale, demandée par les uns, acceptée par les autres, ralliant en un mot tous les suffrages, allait engendrer l'aurore d'un vie heureuse dans le monde du commerce et de l'industrie. L'entente était complète entre tous, patrons et employés, sur le principe qui lui avait donné naissance : et cette entente paraissait devoir se maintenir dans l'application même de la Loi.

Mais depuis lors, six mois se sont écoulés. De cette Loi, conçue et édictée par vous dans une intention éminemment bienfaisante, il en est résulté un trouble profond, une véritable terreur économique dans le petit et le moyen commerce français : et ce trouble s'est traduit par des pertes considérables pour tous, et même par des ruines, des faillites pour quelques-uns. Est-ce donc là ce que vous avez voulu? ce que vous avez prévu? Il importe que nous le sachions, nous qui représentons, en quelque sorte, le prolétariat du commerce français, qui faisons le nombre, et qui alimentons par nos peines, notre labeur de chaque jour, le budget national.

Nous avons attentivement suivi tous les débats qui ont présidé à la naissance de la Loi ; et rien, ni dans vos travaux, ni dans le texte que vous avez adopté, conforme à ces travaux, ne nous permettait de penser que nous pussions, du fait de l'application de cette Loi, nous trouver en butte aux vexations les plus odieuses, obligés de choisir entre les ruines, la faillite, ou les peines édictées par le Code pénal !

Nous espérions encore que suivant l'exemple du Conseil d'État, la Cour de cassation saurait faire respecter ce que vous avez déclaré être votre volonté. Vain espoir ! La Chambre criminelle, adoptant la thèse *personnelle* de M. le ministre du Travail, soutenue à sa barre par M. l'avocat général, a rendu, vendredi, un arrêt qui donne le plus éclatant démenti, — non seulement à votre volonté clairement exprimée au cours des débats par les plus qualifiés d'entre vous, anciens ministres, rapporteurs, ministres même, — mais encore au texte même de la Loi que vous avez rédigée en conformité de cette volonté !

Une haute et grave question se pose donc aujourd'hui devant vous ! Il s'agit de savoir si vous, législateurs, vous, représentants du peuple, *vous admettrez* **que votre volonté qui seule constitue la Loi** *puisse être méconnue par ceux-là même qui ont charge de la faire respecter ?*

Et c'est là cependant ce que font en ce moment les exécuteurs de votre œuvre, le Pouvoir exécutif d'une part, le Pouvoir judiciaire de l'autre.

Vos affirmations, vos déclarations solennelles, les engagements pris lors de la confection de la Loi, tant par vous-même que par certain ministre pour obtenir votre vote, — tout cela n'est-il donc que fumée, que chimères : le pays ne peut-il donc plus ajouter foi à la parole de ses élus ?

*
* *

Vous nous avez déclaré que votre but, en créant la Loi sur le repos hebdomadaire n'était autre que de « *Permettre à l'employé exténué par un travail de plus en plus monotone de réparer ses forces* » (M. Zévaès, 3 janvier 1900 ; M. Allemane, 27 mars 1902), ajoutant que « *la Loi ne devait, en aucune façon, porter atteinte aux exigences commerciales* » (M. Dubief, président et M. Georges Berry, Rapporteur de la Commission, 15 janvier 1902).

Vous avez déclaré, le 25 mai 1905, par l'organe des plus autorisés d'entre vous, que vous entendiez faire une *Loi très libérale, ne violenter personne* (M. le sénateur Poirrier. Rapporteur, — M. le ministre du commerce, Dubief) et surtout *ne pas vouloir changer la physionomie du pays le dimanche* (M. Dubief — M. Monis).

Puis, lorsque vous avez témoigné votre préférence pour le repos dominical, vous avez nettement exprimé votre volonté formelle que les dérogations à ce principe soient accordées à tous ceux qui y avaient *intérêt*, de façon à « *n'apporter aucun trouble sérieux dans les habitudes du* « *public, et à ne causer aucun préjudice grave à aucune entreprise indus-* « *trielle et commerciale* ». C'était là, l'avis de M. le sénateur Monis, c'était celui de votre Commission Sénatoriale s'exprimant par l'organe de son Rapporteur, M. Charles Prevet.

Vous preniez ainsi devant le pays, l'engagement solennel « *de ne pas violenter les citoyens en leur imposant des changements trop brusques d'habitudes...* »

Vous déclariez « *ne pas ignorer de quel poids pèsent les impôts, com-* « *bien les conditions du travail sont difficiles, combien la concurrence* « *est grande, combien de petites maisons ont du mal à joindre, comme on* « *dit vulgairement, les deux bouts.* »

Et enfin, vous donniez par votre vote, votre assentiment unanime à cette déclaration de votre Rapporteur : « *Le sentiment auquel votre Com-* « *mission a obéi, c'est le désir de donner à tous les travailleurs français,* « *patrons et ouvriers, le repos hebdomadaire et de les acheminer vers le* « *repos collectif du dimanche ; mais elle comprend la première, et vous* « *comprenez tous, que des règles trop étroites et trop absolues sont véri-* « *tablement bien dures pour le pays, qu'il s'agit de changer les habitudes*

— 4 —

« *du public*, et qu'il ne faut pas faire trop bon marché de tous ces petits
« **commerces que nous pourrions ruiner en un jour** ».

Vous reconnaissiez donc le grave préjudice que pouvait causer aux
établissements intéressés au commerce dominical l'arrêt d'un jour, d'un
seul jour, de ce commerce !

Et qu'avez-vous fait encore pour donner une sanction à ces affirmations ?

Vous ne vous en êtes pas tenus à de platoniques déclarations de prin-
cipes. Vous avez manifesté durant tous vos travaux votre préoccupation
essentielle, tout en accordant aux travailleurs un jour de repos sur sept
(autant que possible le dimanche), d'*instituer un* **Régime légal de dérogations** *en faveur de tout intéressé*.

Votre éminent collègue, M. Monis, en 1905 et 1906, comme MM. les
sénateurs Poirrier et Prevet, comme le Conseil Supérieur du Travail,
comme Messieurs les ministres Millerand, Dubief — comme vous, Messieurs
les députés, dans le texte voté en 1902, — tous, vous étiez parfaitement
d'accord !

Et, en même temps, tous, vous témoigniez de la plus juste et de la plus
légitime défiance vis-à-vis de « **l'Administration** », dont l'arbitraire vous
était bien connu !

« *Confier l'organisation* (du régime légal des dérogations) *au Pouvoir*
« *central, à l'Administration, c'est la confier à l'arbitraire, c'est vouloir*
« *empêcher la Loi d'aboutir !* » déclarait, en 1902, votre Rapporteur à la
Chambre, et vous avez applaudi, Messieurs les députés, à ces déclarations,
puisque dix seulement d'entre vous les ont désapprouvées par leur vote.
(*J. Off.* du 28 mars 1902, p. 1582).

Au Sénat, en 1905, M. Monis exprimait ce même sentiment : « *Ma
formule* » (pour l'établissement des dérogations) « *étant très large, — et
elle devait l'être — je devais avoir le souci d'en confier l'application*

*pratique à une autorité offrant toutes garanties au point de vue de la pru-
dence.*

« *Ce principe, une fois posé, sera mis en œuvre par un Règlement
d'Administration publique.* »

**Je n'admets pas volontiers, en principe, que le Législateur passe
parole à l'Administration...** *Mais comment faire raison à tant d'intérêts
divers autrement que par un Règlement ?...* **La Confection du Règlement doit être confiée à de hautes compétences.**

« *J'en appelle à un Règlement d'Administration publique pris sur
l'avis du Comité consultatif des Arts et Manufactures (premier organe)
de la Commission Supérieure du Travail institué par la Loi du 2 novembre 1892 (deuxième organe), et après enquête et avis de la Commission
permanente du Conseil Supérieur du Travail.*

« *J'avoue que si vous trouvez des organes qui offrent plus de
garanties, des compétences plus complètes, je serais très heureux d'accepter
une modification de mon texte.*

« *Voilà donc le* **premier** *ordre d'exceptions qui seront admises toutes
les fois que les intérêts du public sont en cause et toutes les fois que le
fonctionnement normal d'un établissement pourrait être atteint.* » (*J. Off.*
du 27 mai 1905, page 955).

Telle était donc posée par la haute autorité de M. Monis, ancien garde
des Sceaux, l'Economie de la Loi.

Et c'était au surplus la voie déjà tracée par M. Millerand, ministre du
Commerce, en ces termes, le 27 mars 1902.

« *J'indique immédiatement quelles précautions le Législateur a
toujours prises lorsqu'il a eu s'occuper des exceptions qui pourraient être
apportées aux lois du travail.*

« *Il faut que le Comité Consultatif des Arts et Manufactures et la
Commission Supérieure du Travail soient d'abord consultés ; et qu'une
fois leurs avis rendus, le Conseil d'État donne un dernier avis. C'est
alors et alors seulement que le Pouvoir exécutif peut apporter à la Loi les
exceptions jugées nécessaires.* » (J. Off. du 28 mars 1902, page 1581).

Et c'est bien là le système que vous avez consacré et dans l'esprit et dans le texte de votre Loi :

Confier d'abord, et avant toute immixtion de l'Administration, à un Règlement d'Administration publique, — très soigneusement élaboré, et rendu après avis de ces hautes autorités particulièrement compétentes — le soin d'énumérer en général les catégories de commerçants français qui devaient être comprises parmi les bénéficiaires légaux de la dérogation.

Et même, dans votre désir de circonscrire encore à de plus étroites limites l'intervention de l'Administration, vous avez pris soin de désigner vous-même dans le texte de la Loi quelques-unes de ces catégories, *ordonnant* au Règlement, qui formait la partie essentielle de la sauvegarde de nos intérêts, de compléter votre nomenclature.

C'est là ce qu'affirmait à la Tribune du Sénat, le 3 avril 1906, votre Rapporteur, en ces termes : « *Je reprends l'Economie de la Loi.... Il y* « *aura des séries d'exceptions.... Vous trouverez dans l'article 3,* « *une nomenclature, et un Réglement d'Administration publique per-* « *mettra d'en ajouter encore.* » *(*J. Off. du 4 avril 1906, p. 331).

Et le même jour, M. Doumergue, ministre du Commerce, reconnaissait lui-même cette Economie de la Loi, disant : « *En effet, il est dit à* « *l'article 3 qu'un Règlement d'Administration publique énumérera* » « (et non pas « pourra énumérer ») *les autres catégories d'Établissements* « *qui pourront bénéficier du droit de donner le repos hebdomadaire par* « *Roulement.* »

Et votre Rapporteur à la Chambre en 1906, Monsieur le député Zévaès précisait lui-même cette même Economie, écrivant dans son Rapport, page 2 :

« *Le texte du Sénat admet diverses questions. Ces questions sont* *de deux sortes :* **Exceptions de droit. — Exceptions de fait. —** *Les pre-*

mières sont énumérées dans le texte; un **Règlement d'administration
publique**, élaboré après avis du *Comité consultatif des Arts et Manufactures et de la Commission du Conseil Supérieur du Travail* indiquera »
(et non « pourra indiquer ») « *celles des industries qui devront leur être
assimilées.* »

« *Pour les secondes*, **Exceptions de fait**, *il appartient à l'Administration de prononcer. Le Préfet statue par un arrêté motivé...* »

C'était clair, c'était précis, aucune équivoque n'était possible, et dans
la séance du 10 juillet 1906, M. le ministre du Commerce prit soin de le
proclamer encore en ces termes.

« *M. Berry nous demande si on ne pourrait pas laisser aux intéressés un délai pour se préparer à l'application de la Loi. J'indique que
dès le vote de la Loi, je la ferai promulguer au « Journal Officiel». La
Loi prévoit des règlements d'Administration publique dont la prépa-
ration nécessitera un certain temps* ».

« **Ce n'est que lorsque les règlements d'Administration publique
seront rendus et promulgués au « Journal Officiel » que la Loi sera réelle-
ment applicable** ».

Cette déclaration, strictement conforme à la volonté du Sénat, exprimée
par MM. Monis, Prevet et autres, conforme au Rapport de M. Zévaès, fut
accueillie par vous, **et détermina votre vote**. La parole d'un ministre,
parlant comme Législateur, et prenant devant vous un engagement législatif,
avait à vos yeux quelque valeur.

Il nous est permis de vous demander ce que vous en pensez
aujourd'hui ?

Et l'importance capitale pour nous, commerçants-détaillants, de
l'élaboration de ce règlement ne vous échappera pas. Nous avons tout lieu
d'espérer que les Corps éminents, appelés à donner leur avis sur nos
intérêts et sur les intérêts du public qui compose notre clientèle, sauront les
apprécier à leur juste valeur, et comprendre dans les exceptions, dérogations de droit, la plupart, sinon toutes les catégories qui composent nos
commerces respectifs.

Et vous ne pouvez nous objecter, Messieurs, que ces règlements étaient facultatifs pour le Pouvoir exécutif, puisque le texte que vous avez adopté pour en décider ainsi, revêt une forme impérative, *intentionnelle de votre part,* comme le déclarait votre Rapporteur le 14 juin 1906, avec l'assentiment du Sénat tout entier : « *Il ne s'agit pas ici d'une faculté, mais d'une obligation* ».

Vous voyez le cas que fait le Pouvoir exécutif des obligations que vous lui imposez, dans l'intérêt même du pays, dans le but de ne pas amoindrir les sources de la richesse publique.

⁎

Mais si, de par la volonté toute puissante d'un ministre se substituant à la vôtre, nous devions être rejetés des bénéficiaires des *exceptions de droit* (nomenclature de l'article 3, ou du règlement qu'il ordonne) nous pouvions tout au moins espérer trouver dans la série des *exceptions de fait* un régime légal suffisant pour éviter les pertes, la ruine même que vous aviez reconnu pouvoir nous atteindre *en un seul jour.* (Sénat 29 juin 1906, *J. Off.* p. 723.)

Dans votre souci « de ne léser aucun intérêt », vous avez, en effet, maintenu dans la Loi ces *exceptions de fait* des articles 8 et 9, que M. le ministre du Commerce, les 5 avril et 12 juin 1906, voulait faire supprimer (amère ironie !) sous prétexte que le Règlement d'Administration publique que vous avez ordonné (et qu'il se refuse à faire élaborer) suffirait à déterminer les bénéficiaires des dérogations, — devant comprendre tous les intéressés !

Vous avez institué dans les articles 8 et 9 le régime légal des établissements appelés à bénéficier des exceptions de fait, — et vous l'avez fait en parfaite conformité avec le même esprit bienveillant et libéral qui a présidé à l'élaboration de toute la Loi.

Après avoir posé dans l'article 2 le principe des **deux régimes Légaux** de repos : — le *repos dominical*, sauf intérêt contraire — et le *repos par* *dérogations*, du fait d'un intérêt justifié, vous avez dit en visant les seules exceptions de fait : « *Des autorisations nécessaires devront être deman-* « *dées et obtenues conformément aux prescriptions des* articles 8 et 9. »

Il était tout naturel, puisque vous confiez à une autorité la mission d'examiner si notre intérêt *ou* celui du public étaient établis et justifiaient en fait un droit à la dérogation, que vous déclariez que ce droit devait être consacré par une « obtention » de l'autorisation demandée — tout au moins pour devenir définitif, pour « *titulariser* » le bénéficiaire.

Mais, vous avez pris soin d'ajouter dans cet article 2 « obtenus *conformément aux prescriptions des articles 8 et 9* ». Et il est manifeste que c'est intentionnellement que vous avez inséré ce membre de phrase.

Or, si nous nous reportons aux articles 8 et 9, nous y lisons tout d'abord l'obligation, la seule obligation que vous paraissez avoir imposée pour jouir de la dérogation à un établissement, non compris dans les exceptions de droit, et qui se trouverait dans la nécessité de demander une exception de fait.

« *Lorsqu'un établissement quelconque voudra* **bénéficier** *d'une déro-* « **gation, il sera tenu** *d'adresser une demande au Préfet du départe-* « *ment.* »

Vous décidiez ainsi dans un texte précis et non équivoque que pour *user* de la dérogation demandée, il fallait, et il suffisait d'adresser une demande au Préfet. Vous avez employé là, à dessein, le mot bénéficier (d'après Littré, « *tirer quelque profit* ») au lieu d'une expression déterminative d'un *droit définitif*, marquant bien nettement ainsi la situation légale toute différente de l'établissement qui a seulement demandé, et dont le bénéfice ne constitue qu'un droit provisoire, et celui qui a obtenu et dont le droit se trouve ainsi définitif.

Et c'était bien là, au surplus, l'interprétation législative de M. le ministre du Commerce devant vous, le 10 juillet dernier, vous déclarant *comme Législateur* :

« *Quant aux intéressés,* **s'ils veulent bénéficier des dérogations, ils** **n'ont qu'à faire leur demande** *dès ce soir ou demain.* »

Mais dans votre préoccupation essentielle d'éviter au commerce français tout changement brusque, tout préjudice du fait de l'arbitraire tant
redouté de l'Administration, vous avez encore ajouté à votre Loi une disposition tout à fait exceptionnelle et contraire aux règles générales de notre
Législation — à savoir, que le recours au Conseil d'État, contre l'arrêté
préfectoral qui nous ferait grief, *serait suspensif*.

A la Cour de cassation, M. l'avocat général vous a vivement
reproché de n'avoir pas indiqué dans vos travaux le but que vous vous
êtes proposé en insérant cette disposition exceptionnelle.

Il nous semblait que votre texte, éclairé par vos intentions nettement
exprimées, et le but que vous vous proposiez, ne pouvait prêter à aucune
équivoque.

Il nous semblait que, redoutant de causer á aucun commerçant français
cette *ruine en un jour* dont vous aviez parlé, il paraîtrait naturel à tous
ceux qui seraient appelés à appliquer votre œuvre, de penser comme nous
venons de vous l'indiquer que le demandeur d'une dérogation, bénéficiaire
(mais non encore titulaire) du droit, du fait de sa demande (art. 8 § 1) —
devait pouvoir continuer à exercer ce bénéfice, *même* après un arrêté préfectoral de refus, s'il formait un recours au Conseil d'État contre cet arrêté.

C'était si simple, si logique, si précis — et si conforme et au texte et à
l'esprit de votre Loi, que nous n'aurions jamais pu croire qu'une interprétation autre pût se faire jour, — même au moyen de sophismes invraisem-
blables, quoique ministériels.

Et c'est là, cependant, ce que nous avons eu le regret et la surprise
d'entendre, par l'organe généralement mieux inspiré de la Cour de cassation elle-même, déclarant en substance que l'*effet suspensif du recours au
Conseil d'État que vous avez édicté ne suspend rien, puisqu'il ne suspend
que l'arrêté du Préfet qui a déjà lui-même tout suspendu*.

Nous devons toutefois vous signaler qu'*une très importante minorité*
des membres de la Cour suprême et *non des moins autorisés*, ne partage
pas cette opinion juridique.., étrange.

Or, qu'en adviendrait-il si cette opinion, contraire et au texte et à l'esprit de votre Loi devait subsister ? En quelques mots, nous allons en déduire les conséquences en vous citant une histoire vraie :

M. B..., commerçant, réalise dans les cinquante-deux dimanches de l'année 60 0/0 de l'ensemble de ses recettes annuelles. Donner à son personnel le repos dominical serait donc pour lui la ruine.

Le 15 juillet, il adresse au Préfet une demande de dérogation.

Il ne peut pas *obtenir* l'arrêté d'autorisation le jour même.

D'après la thèse ministérielle adoptée par la Chambre criminelle, il doit donc immédiatement fermer le dimanche faute de personnel. Or, *en un jour*, avez-vous dit, en *un seul jour*, il peut se ruiner ! — Or, la dérogation est un droit, a proclamé le Conseil d'État ! — Tant pis pour lui, il est obligé de subir ces pertes, cette ruine : *Sic volo, sic jubeo,* dit la bienfaisante et toute puissante Administration !

Des semaines, des mois se passent, et M. B... attend toujours la réponse préfectorale qui devait, aux termes de votre Loi, lui parvenir en moins de six semaines. Rien ! — Enfin, elle arrive *fin septembre.* — Elle comporte un refus ! (A notre connaissance, tous les arrêtés préfectoraux, dans la France entière, ont été des arrêtés de refus, le plus souvent même des imprimés rédigés d'avance, et émanant des bureaux du Ministère.)

M. B... défère cet arrêté au Conseil d'État *dès le 1ᵉʳ octobre.* — Le Conseil d'État doit statuer dans le mois. Il rend son arrêt le *30 novembre* (2 mois !) et il ordonne une enquête « dont le procès-verbal sera, **dans le délai de vingt jours de la présente décision,** transmis au *secrétariat du Conseil d'État...* »

Mais le ministère du Travail n'est pas plus soucieux d'exécuter les arrêts du Conseil d'État, que vos propres décisions. *Décembre* se passe sans enquête ! Et pendant ce temps, M. B., continue à être obligé de subir des pertes, de se ruiner ! Enfin, vers le 15 janvier, un fonctionnaire ministériel apparaît chez M. B. ! et commence l'enquête, qui se poursuit lentement comme toute œuvre administrative ! M. B. n'a toujours pas obtenu l'autorisation demandée ! — la saison des affaires est passée ! Il a subi des pertes énormes ! Le ministre du *Travail* est heureux, très heureux.

Enfin, le Conseil d'État reconnaît le droit de M. B., le proclame, et *renvoie devant le Préfet pour la délivrance de l'autorisation !*

Comme l'a fort bien dit et reconnu M. l'avocat général à la Cour de cassation, le Préfet peut parfaitement encore refuser cette autorisation, surtout s'il se sent soutenu par son ministre. L'arrêt du Conseil d'État ne comporte qu'une obligation morale, mais aucune sanction effective légale.

Et M. B., n'a toujours pas obtenu le providentiel arrêté !

Son droit se trouve reconnu par la plus haute juridiction administrative, c'est entendu ! Mais peu importe, il ne peut toujours pas user de la dérogation ! L'arrêté préfectoral qui seul peut le mettre à l'abri des poursuites correctionnelles, n'a pas été *obtenu !* Il doit attendre, attendre toujours ! et comme sœur Anne, sans voir rien venir !

Voilà donc l'œuvre informe, absurde, dont on vous attribue la paternité !

Il vous appartient de nous dire, si c'est bien là ce que vous avez entendu faire, et si le Pouvoir exécutif comme le Pouvoir judiciaire ont raison !

Il faut que nous sachions si nous nous sommes trompés !

Si, sous prétexte de faire une loi bienfaisante et pour le patron et pour le travailleur, — devant concilier à la fois les intérêts des premiers, et les plus légitimes satisfactions et besoins des seconds — vous n'avez pas entendu créer une arme de guerre politique et sociale, à l'encontre de ceux-là même qui font par leur nombre, par leur vie d'économie et de labeur la richesse de la Patrie !

Le repos aux employés ! c'est entendu, nous le leur accordons ! et sans même y être contraints par une disposition légale, l'immense majorité d'entre nous, de son plein gré, paie à ses employés le jour de repos ! — N'ont-ils pas là tout ce que vous avez entendu leur donner, et davantage encore ?

Et de quel droit voudriez-vous nous faire supporter, à nous, par des pour-

suites correctionnelles et des condamnations pénales les fautes et les illéga-
lités de l'Administration !

S'il est écrit dans votre loi que le repos *doit* être donné le dimanche, il
est écrit aussi que le Préfet *doit demander d'urgence* l'avis du Conseil municipal ! L'a t-il fait ?

Il est écrit que le Conseil municipal *doit* le donner dans le délai d'un mois ?
L'a-t-il fait ?

Il est écrit également que le Conseil d'État statuera dans le délai d'un
mois ! Le fait-il ?

Ces règlements d'administration publique *ordonnés* par vous, et qui
pouvaient nous éviter tous ces ennuis ! Les prépare-t-on seulement ?

Toutes les autorités autour de nous méconnaissent leurs devoirs, leurs
obligations légales. Allez-vous les approuver par votre silence, et permettre
à la France entière, au monde entier, de dire que le Législateur français ne
sait pas faire les lois, et qu'il sait encore moins les faire respecter par ceux
là même à qui la Constitution nationale l'impose.

La parole est à vous, Messieurs les Législateurs ; très insuffisamment
peut-être nous vous avons exposé nos griefs ; il importe que la situation qui
nous est faite cesse au plus tôt.

Nous ignorons, et voulons ignorer toute politique ; c'est donc sans
aucun esprit de parti que nous vous adressons cette requête.

Depuis 6 mois, chaque dimanche, nous sommes l'objet de manifestations
violentes qui nous causent le plus grave préjudice, et qui ont causé à certain d'entre nous une douleur plus vive encore ! Jusqu'ici nous avons usé
de patience, espérant que le Droit et la Justice triompheraient à leur
heure !

**Nous ne demandons pas, pour nous, de modification
à la Loi ! Nous demandons seulement qu'on respecte
votre œuvre telle que vous l'avez faite ! que vous avez
déclaré vouloir la faire !**

Que vous répondiez au Pouvoir exécutif : « Exécutez

nos ordres, notre Loi ! Vous devez donner l'exemple, avant de traîner sur les bancs d'infamie, les honnêtes et laborieux commerçants français ! »

Que vous répondiez à la Cour de cassation dont l'arrêt entraîne d'absurdes conséquences : « L'absurdité ne vient pas de nous, mais seulement des sophismes ministériels dont vous avez eu tort de tenir compte ! Votre devoir, à vous, Pouvoir judiciaire, était de vous inspirer à la fois du texte et de l'Esprit de la Loi ! »

Ainsi, seulement, vous nous permettrez à nous, comme à la France entière, de reconnaître que le Règne du Droit et de la Justice n'a pas encore vécu !

POUR LA FÉDÉRATION :

Le Président,

Georges **MAUS**